Rainer Wörtmann

SPEISE FISCHE

mit Rezept-Tipps

Ein Privatdruck für

© 2018
Rainer Wörtmann
20144 Hamburg
rwoertmann@aol.com

Idee und Gestaltung:
Rainer Wörtmann

Strichumsetzungen
der Bilder: Port Culinaire /
Rainer Wörtmann

Texte z. T.: http://de.
wikipedia.org/wiki/

Herstellung und Verlag:
BoD - Books on Demand
22848 Norderstedt
ISBN 9 783748 182771

Die Recherchen zu dem 2017/2018
erschienenen Buch über „Fische" ergaben,
dass das Thema „Speisefische"
ein eigenes Buch ergeben könnte.

Es liegt nun hiermit vor.

Zur Handhabung des Buches
ein paar Erklärungen:
Sämtliche Fischnamen sind in
DEUTSCH am Kopf der Seiten
in alphabetischer Reihenfolge,
und darunter in den Sprachen
GB Englisch, **F** Französisch,
I Italienisch, **E** Spanisch aufgeführt.

Außerdem finden sich alle Namen
noch einmal im alphabetischen Index
am Ende des Buches,
der somit auch als Lexikon und
Inhaltsverzeichnis dient.

Ein Verzeichnis mit der Einteilung
in Süßwasser- und Salzwasser-Fische
steht auf Seite 45.

Alle Rezeptvorschläge am Fuß der
Seiten können genauso:
– Name des Kochs, Rezeptbezeichnung –
im Internet mit Farbfotos
und genauen Angaben abgerufen
werden.

Am Schluss des Buches steht
ein Verzeichnis der Köche und
ihrer Auszeichnungen

Viel Spaß bei der Lektüre

wünscht Rainer Wörtmann

AAL

GB Eel, **F** Anguille, **I** Anguilla,
E Anguila

Der Aal ist ein Wanderfisch, der in der Sargassosee schlüpft, als Jungaal in Richtung Europa und Nordafrika wandert und zum Laichen in seine Heimat zurückkehrt. Dieser Lebenszyklus wurde erst im 20. Jahrhundert entdeckt. Der Europäische Aal kann 50-130 cm lang werden.

MERKMALE Die Körperform des Europäischen Aales ähnelt einer Schlange; seine Rückenflosse, die Schwanzflosse und die Afterflosse sind zusammengewachsen und bilden einen einheitlichen Flossensaum.

VORKOMMEN Er ist im Süßwasser, im Brackwasser und im Salzwasser beheimatet und in Europa, in der Türkei und im nördlichen Afrika weit verbreitet. In Europas Binnengewässern ist er leider vom Aussterben bedroht.

INFO Der Europäische Aal gilt als wichtiger und wertvoller Speisefisch. Das Fleisch der erwachsenen Aale ist sehr fett, was ihn gut zum Räuchern eignet. 90 Prozent seines Körper sind essbar. Es gibt wenig Aal-Zucht, und die jungen, so genannten Glasaale, werden in großen Mengen vor allem nach China exportiert. Dort ist der fettreiche aromatische Fisch als Delikatesse sehr beliebt. Vor dem Kochen oder Braten muss die Haut des Aals abgezogen werden: dabei sollte zunächst durch einen Schnitt rund um den Kopf die Haut leicht abgelöst werden, der Kopf danach mit einem Handtuch festgehalten und die Haut ebenfalls mit einem Handtuch und einem festen Ruck vom Körper heruntergezogen werden. Achtung: Sein Blut enthält ein Gift, welches jedoch - wie die meisten Fischgifte - durch Erhitzen neutralisiert wird.

REZEPTVORSCHLAG Eckhart Witzigmann: Aal in grüner Kräutersoße

ÄSCHE

GB Grayling, **F** Ombre commun, **I** Temolo,
E Timalo

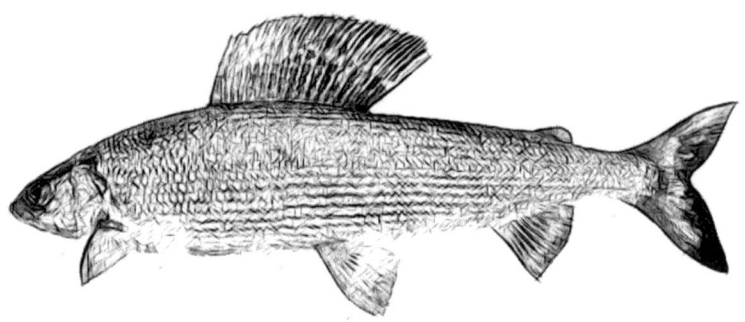

Die Europäische Äsche ist ein Knochenfisch des Süßwassers. Sie wurde in Deutschland 1997 und 2011 zum Fisch des Jahres ernannt. Das Gewicht des ausgewachsenen Fisches beträgt etwa 500 -1500 g, die Länge liegt in der Regel bei 30 cm.

MERKMALE Die große Rückenflosse (Äschenfahne) unterscheidet sie von Artgenossen; sie hat im Verhältnis zur Körpergröße große Rundschuppen.

VORKOMMEN Die Europäische Äsche kommt in den Flüssen von England und Wales über die Mittel-Gebirgsregionen Nord-, Mittel-, Ost- und Westeuropas bis ans Schwarze Meer vor. Anders als etwa Bachforellen sucht die Äsche bei Gefahr keine Deckung unter Steinen, weshalb sie für ihre Feinde in den meist kleinen Flüssen zur leichten Beute wird.

INFO Sie ist ein hervorragender Speisefisch, dessen Fleisch sich durch einen leicht thymianartigen Geruch auszeichnet.

Die Familie der **MEERÄSCHEN** ist meistens in tropischen und subtropischen Regionen an den Meeresküsten und im Brackwasser zu Hause. Einige Arten wandern auch in Flüsse. Die Meeräschen haben als Speisefische wirtschaftliche Bedeutung. Der Rogen der Meeräschen gilt, getrocknet und gesalzen in Italien (Bottarga) als Spezialität.

REZEPTVORSCHLAG Johannes King: Roh marinierte Meeräsche mit Herzmuscheln

ALASKA-SEELACHS

GB Coalfish, Pollock, **F** Lieu noir, Colin,
I Merluzzo nero, **E** Carbonero, Colin

Der Köhler oder Pollock wird im Handel meistens als „Seelachs"
verkauft. Die im Handel übliche Bezeichnung „Seelachs" ist nur
eine verkaufsfördernde Bezeichnung, da der Köhler keine Ge-
meinsamkeiten mit dem Lachs hat. Er gehört zu der Familie der
Dorsche. Er wird bis zu 90 cm lang und 1,5 kg schwer

MERKMALE Drei Rücken- und zwei Afterflossen; eine sich hell
abgrenzende Seitenlinie ist deutlich zu erkennen und verläuft annähernd parallel zur Rückenlinie; die großen Augen des Köhlers
stehen vor („Glubschaugen").

VORKOMMEN Der Seelachs kommt im Nordatlantik von Island
und Skandinavien über die Britischen Inseln bis nach Spanien
vor. Man findet ihn außerdem im Norden der Nordsee, auch in
der Ostsee wurde der Köhler schon gesichtet. Die Bestände des
Pollocks werden stark befischt, das Fleisch kommt meist in Form
gefrorener Filets auf den Markt.

INFO Erwachsene Seelachse sind äußerst gefräßige Raubfische,
welche Krebse, Heringe, Sprotten und andere Knochenfische jagen. Dabei neigen sie zum Kannibalismus und fressen auch Jungfische der eigenen Art. Der Köhler oder Seelachs zählt in Deutschland zu den wichtigsten Speisefischen. Er wird auch rot eingefärbt
als „Seelachs in Öl (Lachsersatz)" angeboten. Sein weißes Fleisch
ist fest aber zart und besitzt einen sehr geringen Fettgehalt.

REZEPTVORSCHLAG Horst Lichter: Gebratenes Seelachs-
Filet mit Petersilienwurzel-Kartoffel-Gemüse

ATLANTISCHER LACHS

GB Atlantic Salmon, **F** Saumon Atlantique,
I Salmone Atlantico, **E** Salmón del Atlántico

Der Atlantische Lachs gehört zur Gattung der Lachse und lebt
größtenteils im Atlantischen Ozean. Im Spätherbst ziehen die
Lachse jedoch weit die Flüsse Europas und Nordamerikas hinauf,
um an den Oberläufen zu laichen. Er erreicht eine Körperlänge
von bis zu 1,5 m.

MERKMALE Ausgewachsene Tiere haben oberhalb der Seitenlinie schwarze Punkte; die Schwanzflosse ist jedoch nicht gepunk-
tet; der Körper spindelförmig; Rücken- und Bauchflossen sind
etwa in Körpermitte.

VORKOMMEN Der Atlantische Lachs kommt im Nordatlantik
(südlich bis zu den britischen Inseln) und den angrenzenden
Meeren, wie der Nord- und Ostsee vor. Der Lachs kommt ebenso
in den Zuflüssen vor.

INFO Auf der „Laichwanderung" können sie bis zu zwei Meter
hohe Hindernisse überspringen. Sie orientieren sich anhand des
Geruchssinnes und suchen zum Ablaichen die Gewässeroberläu-
fe auf, aus denen sie selbst stammen. Da die Wanderung und der
Laichakt für die Tiere sehr anstrengend ist, stirbt der größte Teil
der Lachse an Erschöpfung. Im Alter von etwa einem Jahr sind
die Jungfische stark genug, um in die Ozeane zu wandern. Die
als Speisefisch sehr geschätzten Lachse stammen heute meist aus
Fischzuchten.

REZEPTVORSCHLAG Alfons Schuhbeck: Lachsfilet auf
Gurkensalat

BACHFORELLE

GB Brown Trout, **F** Truite de rivière,
I Salmo Trutta, Trotta, **E** Trucha comun,

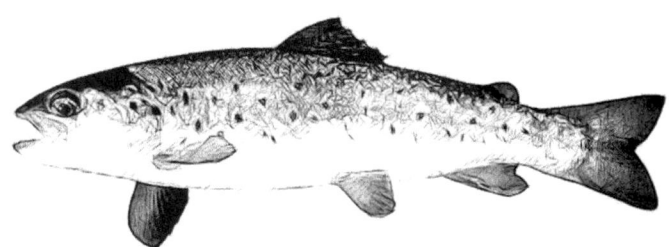

Die Bachforelle gehört zur Familie der Lachsfische. In manchen Mittelgebirgsbächen werden Bachforellen schon mit 12 - 13 cm geschlechtsreif und erreichen kaum mehr als 25 cm Länge. In anderen Gewässern, meist Niederungsbächen, werden Forellen hingegen 40-70 cm lang.

MERKMALE Ihr Körper ist lang gestreckt und torpedoförmig; die Körperflanken der Forelle sind oben mit schwarzen, darunter mit roten Punkten bedeckt; der Oberkiefer der Bachforelle reicht bis hinter die Augen; die Schuppen der Bachforelle sind sehr klein.

VORKOMMEN Die Forellen sind weltweit verbreitet. Sie sind äußerst empfindlich gegen Gewässerverunreinigungen und benötigen zwingend sauberes und sauerstoffreiches Wasser. Die Bachforelle ist bei Sportanglern (Fliegenfischern) sehr beliebt. Die Heimat der Forelle sind die kalten (max. 20 °C) und sauerstoffreichen Bäche im Gebirge. Man findet Forellen auch in Talsperren und natürlichen Seen, besonders im Alpen- und Voralpengebiet.

INFO Die Forelle ist der beliebteste deutsche Süßwasserfisch, denn sie ist grätenarm und das Fleisch ist besonders zart und wohlschmeckend. Klassiker sind die gegarte Forelle „Blau" und die gebratene Forelle „Müllerin". Sie besitzt ein zartes und fettarmes Fleisch und einen feinen Geschmack. Bachforellen besitzen nur wenige Gräten, die sich außerdem sehr leicht entfernen lassen. Bachforellen kann man braten, grillen, dünsten oder räuchern.

REZEPTVORSCHLAG Léa Linster: Forelle Blau

BACHSAIBLING

GB Char, **F** Omble de Fontaine,
I Salmerino di Fontana, **E** Salvelino

Der Bachsaibling gehört zu den farbenprächtigsten Salmoniden, jedoch wechseln die Farben von Population zu Population und verändern sich auch im Laufe des Jahres. Saiblinge können im Durchschnitt eine Körperlänge von 30-60 cm erreichen.

MERKMALE Großer Kopf mit sehr tiefer Mundspalte; das Maul des Bachsaiblings ist leicht oberständig; seine Schwanzflosse deutlich eingebuchtet, der Bachsaibling hat sehr kleine Schuppen; die Rückenflosse ist mit zahlreichen Punkten, Linien oder Marmorierungen besetzt, ebenso die Schwanzflosse.

VORKOMMEN Der Bachsaibling stammt ursprünglich aus Nordamerika und wurde 1884 bei uns eingeführt. Mittlerweile ist er in Europa, Nordamerika und Asien verbreitet. Im Gegensatz zur Bachforelle ist der Bachsaibling in Europa jedoch weniger verbreitet. Als Kaltwasserfisch bevorzugt der Bachsaibling kühle, sauerstoffreiche Fließgewässer mit starker Strömung.

INFO Der Bachsaibling ist ein hervorragender Speisefisch. Er besitzt ein festes, aromatisches und fettarmes Fleisch. Bachsaiblinge besitzen nur wenige Gräten, die sich außerdem sehr leicht entfernen lassen. Die Saiblinge kann man braten, grillen, dünsten oder räuchern.

REZEPTVORSCHLAG Alexander Herrmann: Saiblingsfilet mit Kräutern im Salzteig

DORADE

GB Gilthead Seabream, **F** Dorade Royal,
I Orata, **E** Dourada

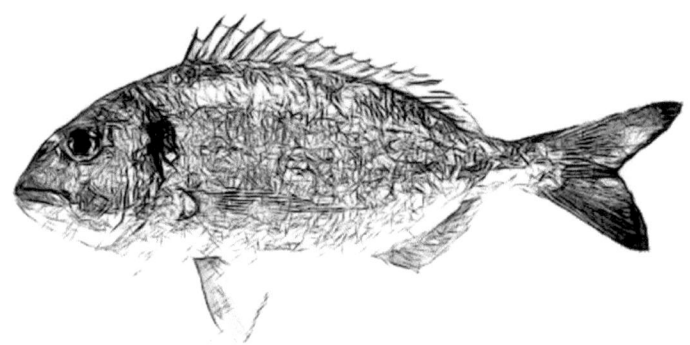

Die Dorade oder der Goldbrassen ist die einzige Art der Gattung Sparus aus der Familie der Meerbrassen. Diese umfasst weltweit ca. 100 Arten. Eine Besonderheit bei den Goldbrassen ist, dass es keine rein männlichen oder weiblichen Tiere gibt (protandrischer Zwitter). Der Goldbrassen wird nach 1-2 Jahren als Männchen fortpflanzungsfähig. Im 2. - 3. Jahr wandelt er sich in ein Weibchen um. Die Fische werden bis zu 70 cm lang und 17 kg schwer.

MERKMALE Einen ovalen und seitlich abgeflachten Körper mit einer steil gewölbten Stirn; am oberen Rand der Kiemendeckel einen großen schwarzen Fleck; die Schwanzflosse ist dunkelfarben; das Maul ist endständig.

VORKOMMEN Die Verbreitung des Goldbrassen erstreckt sich im Nordostatlantik vom Ärmelkanal bis Marokko. Er ist außerdem im Mittelmeer, den Kanarischen und Kapverdischen Inseln beheimatet. Die kommerziell intensiv befischte Art zählt zu den wichtigsten Arten in der marinen Zucht. Sie leben vor allem in flachen Gewässern, meist in Tiefen von 5-30 m.

INFO Die Dorade ist ein geschätzter Speisefisch mit einem festen und äußerst wohlschmeckenden Fleisch. Sie lässt sich perfekt im Ganzen zubereiten.

REZEPTVORSCHLAG Tim Mälzer: Doraden vom Blech

FLUSSBARSCH

GB Perch, **F** Perche, **I** Persico
reale, **E** Perca

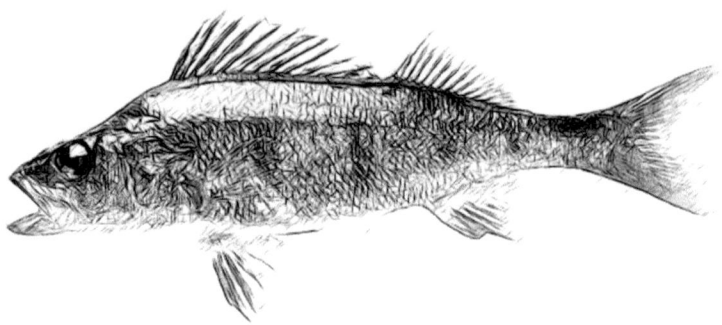

Der Flussbarsch oder einfach „Barsch" ist ein Süßwasserfisch,
der bis zu 60 cm lang und knapp 5 kg schwer werden kann. Er
zählt zu den schönsten eurasischen Raubfischen. Seine durchschnittliche Größe beträgt ca. 20 cm bis 30 cm.

MERKMALE Die Rückenflossen sind gräulich-transparent gefärbt und lassen sich nach hinten zusammenklappen; seine Brust-
und Bauchflossen sind rötlich gefärbt; die Körperflanken sind mit
deutlichen Querstreifen bedeckt (sog. Barschstreifen).

VORKOMMEN Der Flussbarsch ist die häufigste Barschart mit
dem größten Verbreitungsgebiet. Er kommt in ganz Europa vor,
mit Ausnahme Süditaliens, der Iberischen Halbinsel und des Bal-
kans. In Europa werden die Tiere manchmal auch in Teichen als
Zierfische gehalten, da sie die Gewässer von Kaulquappen frei
halten.

INFO Der Flussbarsch ist ein geschätzter und äußerst schmack-
hafter Speisefisch. Sein weißes Fleisch ist sehr mager und eiweiß-
reich. Der Flussbarsch kann im Ganzen (mit Haut und Schuppen)
gebraten werden, oder man entfernt die Schuppen (äußerst müh-
sam) und isst ihn mit der schmackhaften Haut. Aufgrund seines
mageren Fleischs lässt er sich vielseitig zubereiten, das kross ge-
grillte Filet ist ein echter Leckerbissen.

REZEPTVORSCHLAG Alfons Schuhbeck: Barsch-Filets gefüllt
mit Kräutern

HECHT

GB Pike, F Brochet,
I Luccio, E Lucio

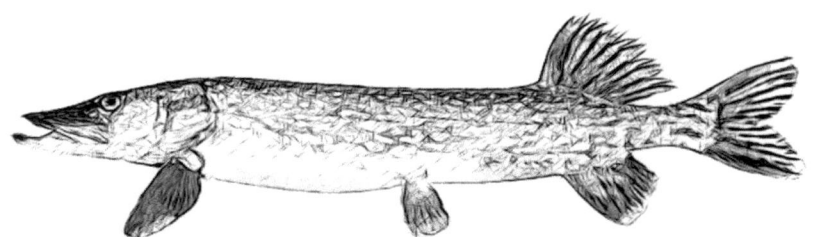

Der Hecht ist ein Raubfisch und gehört zur Familie der Knochenfische. Er wird als Speisefisch genutzt, lässt sich aber wegen seiner Aggressivität nur schwer züchten. Ab November werden die
Reviere der weiblichen Hechte oft von Milchnern „belagert", die
untereinander immer aggressiver werden, je näher die Laichzeit
im Frühjahr rückt. In Deutschland wurde er zum Fisch des Jahres
2016 ernannt. Sie können eine Körpergröße von 1,5 m erreichen.

MERKMALE Einen lang gestreckten, walzenförmigen und seitlich nur mäßig abgeflachten Körper; der relativ lange Kopf hat ein
entenschnabelähnliches, oberständiges Maul; die Rücken- und
Afterflosse sind weit nach hinten verlagert und ermöglichen dadurch blitzartige Beschleunigungen und Wendemanöver.

VORKOMMEN Der Hecht ist ein Standfisch und hält sich gerne
in Ufernähe von Fließgewässern, Seen und größeren Teichen auf.
Er bevorzugt Schilfränder und ähnliche Deckungsmöglichkeiten.
Die kontrollierte Vermehrung und Aufzucht ist aufgrund des Kannibalismus von Hechten selten und schwierig.

INFO In Deutschland ist der Hecht ein sehr beliebter Zielfisch
für Angler. Auch als Speisefisch ist der Hecht geschätzt. Die spit-
zen Gräten (Y-Gräten) können durch ihre sehr geordnete zwei-
reihige Lage im Rücken ohne größere Probleme entfernt werden.
Das Fleisch ist wegen des geringen Fettgehalts relativ trocken.
Hechtfleisch wird vorzugsweise zu Fischbällchen verarbeitet
(„Hechtklößchen").

REZEPTVORSCHLAG Alfons Schuhbeck: Hecht auf Elsässer
Art

HEILBUTT

GB Halibut, **F** Flétan de l'Atlantique,
I Halibut, Ippoglosso, **E** Flétán, Halibut, Hipogloso

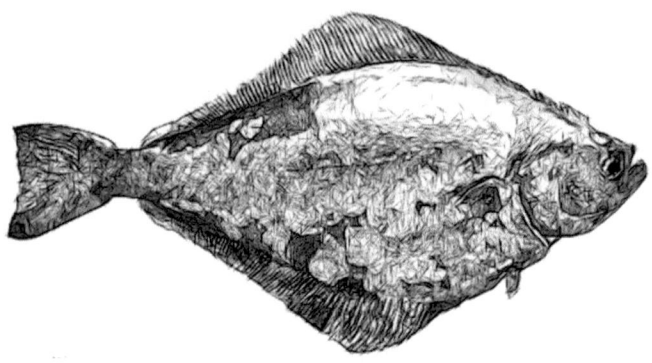

Der Heilbutt oder Weißer Heilbutt zählt zu der Familie der Schollen. Diese größte Plattfischart kann eine Länge von 3 m und ein Gewicht von über 300 kg erreichen. Die Durchschnittsgrößen betragen ca. 1,5 m.

MERKMALE Beide Augen des Heilbutts befinden sich auf der rechten Körperseite, das linke Auge befindet sich oben auf der Stirn (Rückenkamm), durch die Lage des linken Auges besitzt er ein großes Gesichtsfeld.

VORKOMMEN Der Weiße Heilbutt ist ein Kaltwasser-Grundfisch. Seine Lebensräume sind der nördliche Atlantik, Norwegens Küste und Fjorde, die Pazifische Küste von Kanada.

INFO Der Heilbutt ist ein geschätzter Speisefisch. Sein weißes, zartes und sehr fettreiches Fleisch gilt als Delikatesse. Da das Fleisch des Heilbutts leicht wässrig ist, empfiehlt sich das Räuchern, da es dann etwas trocknet. Der Heilbutt wird in der Regel mit Langleinen und Schleppnetzen gefangen. Hat der Fisch beim Angeln den Köder angenommen, ist es schwierig ihn in den Kescher zu bekommen. Da die Bestände des Heilbutts seit vielen Jahren unverändert niedrig sind, unterliegt der Fang dieses Fisches strengen Auflagen.

REZEPTVORSCHLAG Mirko Reeh: Heilbutt auf Zitronenspinat

HERING

GB Atlantic Herring, **F** Hareng de l'Atlantique,
I Aringa, **E** Arenque de Atlantico

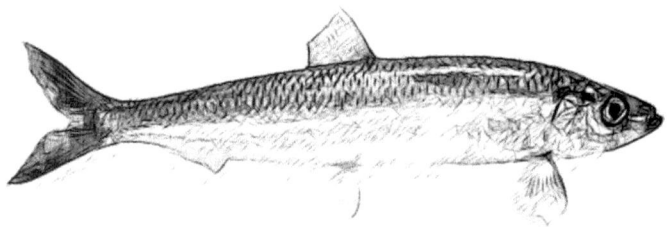

Der Hering ist nach dem Alaska-Seelachs der beliebteste Fisch. Er ist im Nordatlantik sowie in der Nord- und Ostsee zu Hause. Fischer beobachten die Wanderrouten der Heringe seit Jahrhunderten und stellen ihm mit modernen Fangflotten an allen möglichen Orten nach. Er wird maximal ca. 45 cm lang und bis zu 1,1 kg schwer. Seine durchschnittliche Länge beträgt ca. 30 cm.

MERKMALE Er besitzt einen langgestreckten, schmalen Körper, der mit dünnen, silbrig glänzenden Schuppen bedeckt ist; seine Körperflanken und die Bauchseite schimmern silbrig; die Bauchflossen und die Afterflosse des Atlantischen Herings sind hell, transparent; er besitzt keine Seitenlinie; die Schuppen des Atlantischen Herings sitzen sehr lose und lösen sich beim Anfassen leicht vom Körper.

VORKOMMEN Der Hering lebt in der Regel fern der Küste, nur zum Laichen kommt er in Küstennähe. Heringe sind Schwarmfische, die Schwärme umfassen teilweise zigtausende Fische. In der Nordsee und im Skagerrak gibt es große Heringsbestände.

INFO Der Atlantische Hering ist in der Lage, Geräusche zu produzieren und auch selbst wahrzunehmen. Er zählt zu den wichtigsten Speisefischen der Welt. Berühmt ist er besonders für seine Verarbeitung zum Rollmops, aber auch als Matjes oder geräuchert als Bückling ist er aus den Küchen Deutschlands nicht mehr wegzudenken.

REZEPTVORSCHLAG Vincent Klink: Matjes nach Hausfrauenart

KABELJAU

GB Cod, Codfish, **F** Morue, Cabillaud,
I Merluzzo, **E** Bacalao

Der Kabeljau oder Dorsch ist ein Meeresfisch, der 1-2 m lang und 90 kg schwer werden kann. Junge, noch nicht geschlechtsreife Kabejaue und kleinere Kabeljaue aus der Ostsee werden Dorsche und sobald sie die Geschlechtsreife erlangt haben, werden sie in Norwegen Skrei (Winterkabeljau) genannt.

MERKMALE Die Bauchseite des Kabeljaus ist weißlich-silbrig; sein Körper zeigt ein marmoriertes Muster, der komplette Körper ist mit dunklen Flecken überzogen; das große und unterständige Maul des Kabeljaus ist mit vielen kleinen Zähnen bestückt; seine helle und im vorderen Teil nach oben gebogene Seitenlinie ist deutlich zu erkennen.

VORKOMMEN Das Verbreitungsgebiet des Kabeljaus ist der Nordatlantik, die Nord- und die Ostsee. Durch Überfischung wurden früher wichtige Bestände um Grönland dramatisch reduziert und sind daher praktisch nicht mehr nutzbar.

INFO Der Kabeljau bzw. Dorsch ist einer der wichtigsten Speisefischen überhaupt. Sein weißes Fleisch ist fest aber zart und besitzt einen sehr geringen Fettgehalt. Damit sein Fleisch nicht so leicht zerfällt, wird der Kabeljau am besten mit seiner Haut gegart. In nordischen Ländern wird der Kabeljau als Stockfisch oder Klippfisch angeboten und gilt dort als wichtiges Grundnahrungsmittel und Handelsgut. Das englische Nationalgericht Fish and Chips beispielsweise wird hauptsächlich mit Kabeljau zubereitet.

REZEPTVORSCHLAG Johannes King: Kabeljau auf Brandade mit Muscheln

KARPFEN

GB Carp, F Carpel Carpe,
I Carpa, E Carpa

Der Karpfen ist eine Fischart aus der Familie der Karpfenfische. Zu dieser Fischgruppe gehören etwa 1500 Arten. In den Handel kommt der mittelgroße Fisch mit einem Gewicht von 1-2 kg und einer Länge von 30-50 cm.

MERKMALE Hochrückige, gedrungene und füllige Körperform, Buckel nach dem Kopf; er hat ein endständiges, unbezahntes vorstülpbares Maul.

VORKOMMEN Der Karpfen bevorzugt warme, stehende oder langsam fließende Gewässer mit Pflanzenwuchs und weichem Bodengrund. Karpfen sind Schwarmfische, die den Winter an den tiefsten Stellen überdauern und in dieser Zeit keine Nahrung aufnehmen. Die meisten Vorkommen finden sich in den Mittel- und Unterläufen der größeren Flüsse.

INFO Der Spiegelkarpfen ist eine Zuchtform des gewöhnlichen Karpfens. Seine Schuppen sind teilweise oder völlig zurückgebildet, weshalb sich der Spiegelkarpfen besonders leicht zubereiten lässt. Karpfen wird primär als Frischfisch angeboten und ist beliebt als Karpfen „Blau".

REZEPTVORSCHLAG Christian Jürgens: Karpfen zu Weihnachten

KNURRHAHN

GB Red Gurnard, **F** Grondin Perlon,
I Cappone, Gallinella, **E** Bejel, Perlón

Der Rote Knurrhahn ist die bekannteste Art in der Familie der Knurrhähne. Er wird auch Seeschwalbe genannt. Der Knurrhahn erreicht eine Körperlänge von maximal 60-75 cm bei einem Gewicht von bis zu 6 kg.

MERKMALE Er besitzt einen langgestreckten Körper mit einem sehr großen Kopf, der nach hinten schmaler wird; der Kopf ist mit zahlreichen Leisten gepanzert und an Kiemen- und Vorderkiemendeckeln mit Stacheln besetzt; sein Kopf ist rot und die Oberseite der Brustflossen hat braune Flecken und einen auffälligen blauen Saum; die Brustflossen sind flügelartig ausgebildet; die vorderen drei Hartstrahlen besitzen keine Flossenhaut und sind als einzeln stehende Strahlen frei beweglich.

VORKOMMEN Der Rote Knurrhahn ist im nordöstlichen Atlantik von Norwegen und der Nordsee bis nach Westafrika sowie im Mittelmeer und im Schwarzen Meer anzutreffen. Er lebt vor allem auf Sand-, Schlick- und Geröllboden in 20 bis 300 m Tiefe.

INFO Namensgebend für den Knurrhahn ist die Fähigkeit, knurrende oder grunzende Geräusche von sich zu geben. Diese Geräusche erzeugen die Fische mittels eines Muskels, der die zweikammerige Schwimmblase zum Vibrieren bringt. Knurrhähne sind beliebte und qualitativ sehr hochwertige Speisefische.

REZEPTVORSCHLAG Johannes King: Knurrhahn auf Kartoffelröstbrot, Rauchfond und Frühlingslauch

LENGFISCH

GB Ling, F Lingue,
I Molva, E Lingue, Maruca

Der Leng oder Lengfisch ist ein Knochenfisch aus der Ordnung der Dorschartigen. Er kann 2 m lang und 30 kg schwer werden, damit ist er einer der größten Vertreter der dorschartigen Fische.

MERKMALE Der Leng hat einen langgezogenen Körper; der lange Kopf besitzt ein endständiges Maul; die Bauchflossen sind kehlständig und setzen damit direkt unterhalb der Brustflossen des Fisches an.

VORKOMMEN Der Leng lebt in den küstennahen Zonen des östlichen Atlantischen Ozeans von Skandinavien und Island bis zur Biskaya, außerdem in der Nordsee und dem Skagerrak. Gelegentlich ist der Fisch auch im westlichen Mittelmeer anzutreffen.

INFO Er hält sich allein oder in lockeren Gruppen in einer Wassertiefe von 100-400 m über felsigem Grund auf. Als Raubfisch ernährt er sich von Fischen (Heringe, Dorsche, Plattfische), Krebsen, Kopffüßlern und Seesternen. Die Art wird stark befischt. Die Laichzeit des Leng ist im April bis Juni. Die etwa einen Millimeter großen Eier werden in einer Tiefe von 100 bis 200 Metern und Wassertemperaturen von etwa 7 °C abgegeben. Dabei legen die einzelnen Rogner bis zu 60 Millionen Eier, die im freien Wasser treiben. Der Leng ist ein leckerer Speisefisch mit weißem und relativ festem Fleisch, das dem von Dorsch ähnelt. Es kann frisch, gesalzen oder getrocknet zubereitet werden und eignet sich für eine Vielzahl von Rezepten, die traditionell auch für den Dorsch verwendet werden. Der Rogen des Lengs gilt in Spanien als Delikatesse.

REZEPTVORSCHLAG Alfons Schuhbeck: Lengfisch in Currysahne

MAKRELE

GB Mackerel, **F** Maquereau,
I Maccarello, **E** Caballa, Xarda

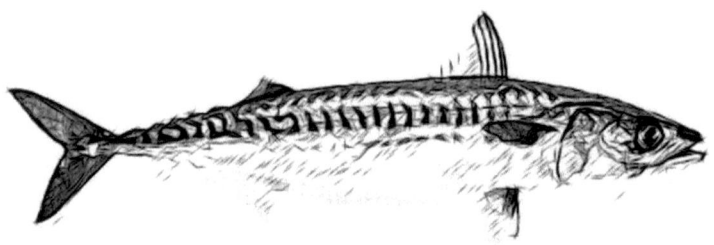

Die Makrele ist ein Salzwasserfisch, und seit Jahrtausenden ein wichtiger Speisefisch und Nahrungsgrundlage unzähliger Meeresbewohner. Im Handel findet man 20-30 cm lange Tiere..

MERKMALE Die gewöhnliche Makrele unterscheidet sich von verwandten Arten durch ihre senkrechten, dunklen Streifen; der Körper ist langgestreckt; ihre untere Körperhälfte ist silbrig gefärbt, die Bauchseite weißlich; die Makrele hat relativ große Augen mit einer schwarzen Pupille; sie hat zwei Rückenflossen, wobei die erste Rückenflosse höher ist als die zweite; die Makrele hat keine Schwimmblase.

VORKOMMEN Der Lebensraum der Makrele ist der Nordatlantik von den Küstengewässern des nordöstlichen Nordamerikas bis zur Westküste Europas, die Nordsee, die Ostsee (vereinzelt), das Mittelmeer, das Schwarze Meer. Sie ist ein küstennah lebender Schwarmfisch, der im Sommer oft in riesigen Schwärmen dicht unter der Wasseroberfläche bis in ca. 200 m Tiefe auftritt. Der kleine Fisch produziert pro Laichvorgang etwa 300 000-400 000 Nachkommen. Weltweit werden pro Jahr ca. 1 Million Tonnen Makrelen gefangen. Die Fangquoten, Zeiten und Zonen für Makrelen sind begrenzt.

INFO Die Makrele ist ein beliebter und hochwertiger Speisefisch, der wegen seines aromatischen Fleisches und dem hohen Gehalt an Omega-3-Fettsäuren geschätzt wird. Die Makrele wird frisch, gefroren, geräuchert oder in Dosen angeboten.

REZEPTVORSCHLAG Johannes King: Gebratenes Makrelenfilet auf Stampfkartoffeln

PANGASIUS

GB Pangasius, **F** Poisson Chat du Mekong,
I Pangasius, **E** Pangasius

Der Pangasius ist die Typusart der Fischgattung Pangasius innerhalb der Familie der Haiwelse. Der Fisch zählt mit seiner bis zu 3 m Körperlänge zu der größten Art in seiner Gattung.

MERKMALE Seine Schnauze läuft bei jungen Fischen spitz zu, ist aber bei älteren Exemplaren abgerundet; sein Maul ist unterständig, die Gaumenbezahnung besteht aus je zwei Zahnreihen; er besitzt recht kleine Augen; die Schwanzflosse bei ausgewachsenen Tieren ist leuchtend gelb gefärbt.

VORKOMMEN Der Pangasius kommt in den großen Flüssen und den Mündungsbereichen des indischen Subkontinents und Myanmars vor und wird unter anderem in Thailand, Vietnam und Kambodscha in Aquakultur gezogen.

INFO Der Pangasius zählt zu den beliebtesten exotischen Süßwasserfischen, die bei uns auf den Teller kommen. Doch es gibt einige gute Gründe, auf Pangasius zu verzichten. Einer davon: Pangasius ist oft mit Giftstoffen der Gewässer belastet. Einige Supermärkte haben inzwischen auf die Kritik reagiert: Carrefour nahm im Januar 2017 Pangasius aus dem Sortiment.

REZEPTVORSCHLAG Geert van Soest: Pangasius-Filet mit Spinat, Quinoa und Zucchini

PETERSFISCH

GB John Dory, **F** Saint-Pierre,
I Pesce San Pedro, **E** Pez de San Pedro

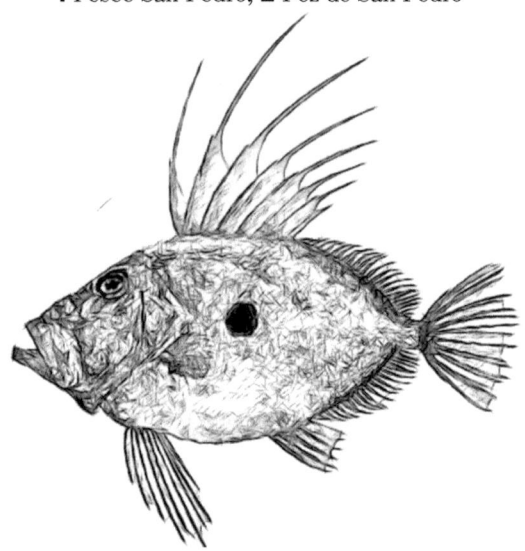

Der Petersfisch, Heringskönig oder St. Petersfisch genannt, ist ein Meeresfisch. Er wird bis zu 90 cm lang und 8 kg schwer.

MERKMALE Kopf und Augen sind groß; die Augen liegen hoch; das Maul ist schräg nach oben gerichtet; auf den Flanken des Fischs befindet sich ein runder, schwarzer Fleck; die vordere Rückenflosse besitzt auffallend lange Stachelstrahlen.

VORKOMMEN Er kommt im Ostatlantik von Südafrika bis Norwegen, im Mittelmeer und im Schwarzen Meer sowie im Indischen Ozean und um Australien, Japan und Neuseeland vor.

INFO Peterfisch ist eine wahre Delikatesse, beinahe grätenfrei mit festem und doch zartem Fleisch. Die Legende zum Fisch: Petrus überquerte in einem Boot den See Genezareth, als ihm ein Geldstück über Bord ging. Blitzgeschwind griff Petrus ins Wasser, erwischte den Taler und auch einen vorbeischwimmenden Fisch, der fortan als geheiligt seine Runden in der Welt zog.

REZEPTVORSCHLAG Jamie Oliver: Petersfisch mit Kartoffeln und Weißwein

RED SNAPPER

GB Red Snapper, **F** Vivaneau campèche,
I Lutiano rosso, **E** Pargo del Golfo

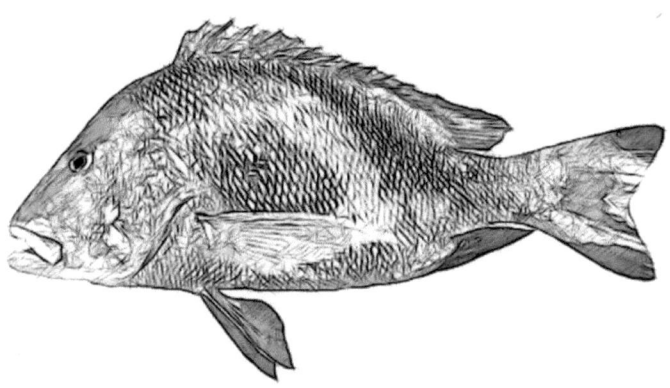

Als Rote Schnapper werden die Fischarten aus der Familie der Lutjanidae bezeichnet, die eine mehr oder weniger rote Färbung haben. Sie zählen zur sehr artenreichen Ordnung der Barschartigen. Es sind Raubfische, die sich überwiegend von Fischen und Krebstieren, z.T. aber auch von Plankton ernähren. Die größten Vertreter werden bis zu 1m lang und über 20 kg schwer.

MERKMALE Wichtigste Erkennungsmerkmale der Schnapper sind ihr dreieckiger Kopf mit einem tief gespaltenen Maul; die konkav ausgekehlte Schwanzflosse.

VORKOMMEN Die Red Snapper sind wie alle Schnapper Riffbewohner. Sie leben im westlichen Atlantik vom Golf von Mexiko nordwärts bis zu den Küsten Massachusetts. Sie wurden so intensiv befischt, dass sie in den USA zu geschützten Tiere wurden.

INFO Für den Fischverbrauch der Deutschen spielen Schnapper keine gewichtige Rolle – in den USA dagegen ist der Red Snapper Marktführer unter den Speisefischen. Er hat ein festes, trockenes, weißes Fleisch, einfache Handhabung (er besitzt nur wenige und große Gräten), und er eignet sich für alle Garmethoden. Diesen Vorzügen verdankt der Rote Schnapper auch seine wachsende Beliebtheit bei deutschen Verbrauchern.

REZEPTVORSCHLAG Tim Mälzer: Zarzuela mit Red Snapper

ROCHEN

GB Roker, Thornback, Ray, **F** Raie bouclée,
I Raja Petrus, Razza, Chiodata, **E** Rajada, Raya

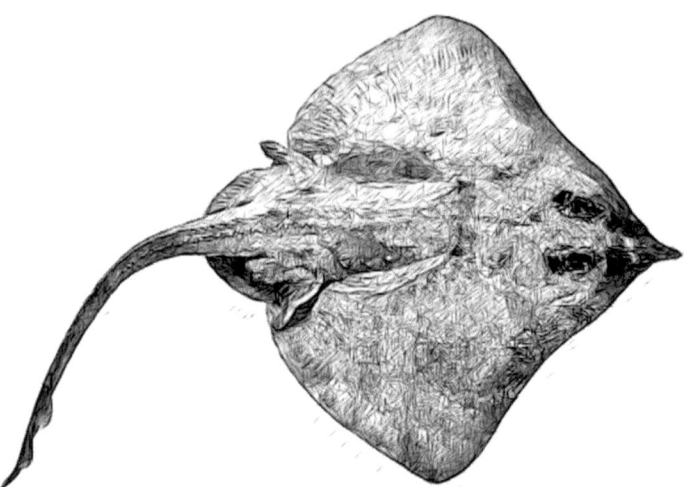

Rochen ist eine Überordnung in der Klasse der Knorpelfische. Mit etwa 630 Arten stellen sie mehr als die Hälfte der etwa 1170 Knorpelfischarten.

MERKMALE Rochen besitzen einen stark abgeplatteten Körper und große Brustflossen, die mit dem Kopf verwachsen sind; das Maul befindet sich auf der abgeflachten, meist hellen Unterseite; auf der Oberseite befinden sich Augen.

VORKOMMEN Rochen leben weltweit in allen Meeren, einige Arten auch in den lichtlosen Bereichen des Ozeans. In der Nordsee kommen vor allem Angehörige der Echten Rochen vor.

INFO Die „primitiven" Geigenrochen sowie die Sägerochen bewegen sich durch Schlängeln des Körpers und der Schwanzflosse fort. Echte Rochen bewegen ihre großen Brustflossen wellenförmig. Alle Rochen, mit Ausnahme der Echten Rochen, die kapselartige Eier legen, sind ovovivipar, d. h. die Jungtiere schlüpfen noch im Körper des Muttertieres.

REZEPTVORSCHLAG Jörg Müller: Nagelrochen auf Zitronen-Kapern-Fond

ROTBARSCH

GB Redfish, **F** Grande Sebaste, Rascasse du Nord,
I Scorfano di Norvegia, **E** Gallinetta Nórdica

Der Rotbarsch oder Blaumaul ist ein Meeresfisch aus der Familie
der Stachelköpfe und der Gattung Sebastes. Der Rotbarsch wird
bis zu 1 m lang, bleibt für gewöhnlich aber bei einer Länge von
45 - 50 cm und einem Gewicht von 1-1,5 kg.

MERKMALE Seine Haut weist eine kräftige goldrote Färbung
ohne irgendwelche dunklen Markierungen auf; der Bauch ist pink
oder rosig; der hintere Teil des Kiemendeckels ist dunkel; die
beiden unteren Stacheln des Vorkiemendeckels sind schräg nach
vorne bzw. nach unten gerichtet.

VORKOMMEN Er wurde schon 1758 von Carl von Linné als
Perca marina beschrieben und ist im Atlantik verbreitet, auch im
Mittelmeer ist er zu finden. Der Rotbarsch tritt in großen Schwärmen auf und ist bei Tiefseefischern ein beliebter Fang. Auf loka-
len Märkten wird er in großen Mengen gehandelt, sollte aber wegen seinen giftigen Rückenflossenstacheln vorsichtig behandelt
werden.

INFO Sein helles Fleisch ist sehr fest und eignet sich gut für alle
Zubereitungsarten. Das Fleisch ist wohlschmeckend und fett-
reich, es ist fast immer als Fischfilet verarbeitet anzutreffen – oft
gefroren.

REZEPTVORSCHLAG Alfons Schuhbeck: Rotbarsch auf
Gewürzsalz mit Vanillebutter und Schalottenspinat

ROTER DRACHENKOPF

GB Red Scorpionfish, **F** Rascasse rouge,
I Scorfano rosso, **E** Escarapote, Cabracho

Sein Aussehen macht ihn zu einem der furchterregendsten Meeresbewohner. Er wird zu den Skorpionfischen gezählt und ist mit dem Rotbarsch und Knurrhahn verwandt. Da sich der Drachenkopf am Boden versteckt und auf Beute lauert, hat er auch keine Schwimmblase. Drachenköpfe werden bis zu maximal 50 cm lang und 3 kg schwer.

MERKMALE An seinem robusten Körper schließt sich ein gedrungener, mit Stacheln bewehrter Kopf an; um Augen, Nase und Kinn herum finden sich tentakelartige Hautfortsätze; sein Körper ist mit sehr wenigen Schuppen bestückt.

VORKOMMEN Er bewohnt den Meeresboden des Mittelmeers und des Atlantiks.

INFO Bei der Rücken- und Afterflosse sind einige Strahlen zu Giftstacheln umgebildet, die der Drachenkopf bei herannahender Gefahr aufstellt. Das Gift ist sehr stark und kann in Extremfällen auch für den Menschen tödlich wirken. Das Gift ist hitzeempfindlich und wie bei den meisten Meeresfischen mit Giftstacheln verliert auch das Gift des Drachenkopfes nach dem Tod innerhalb von 24 Stunden seine Wirkung. Der Drachenkopf eignet sich hervorragend für Fischsuppen. Auch die Filets des mittelfesten, weißen Fleisches sind sehr schmackhaft.

REZEPTVORSCHLAG Johann Lafer: Bouillabaisse

ROTE MEERBARBE

GB Red Mullet, **F** Rouget Barbet, **I** Rosciolo,
Triglia di Fango, **E** Salmonette de Fango

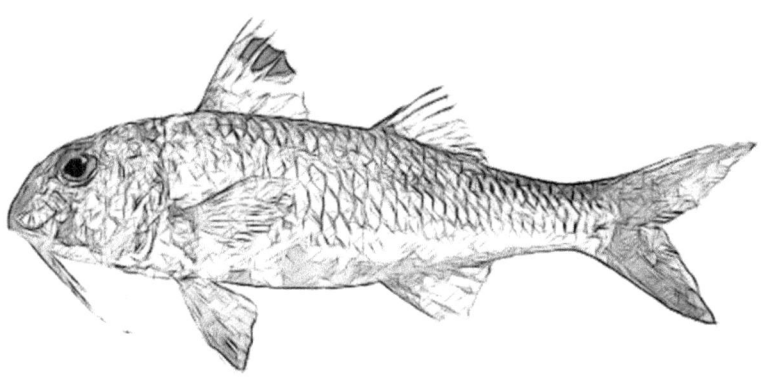

Die Rote Meerbarbe ist ein Salzwasserfisch aus der Familie der
Meerbarben. Diese Art ist ein beliebter Speisefisch und wird kommerziell befischt. Rote Meerbarben sind relativ kleine Fische. Sie
werden 30-40 cm lang und 400-500 g schwer.

MERKMALE Die Grundfärbung erwachsener Exemplare ist meist
rötlich, junge Exemplare sind eher gelblich gefärbt; kurz vor der
Schwanzflossenbasis sitzt ein großer, runder schwarzer Fleck; die
Schwanzflosse ist tief gegabelt.

VORKOMMEN Die rote Meerbarbe lebt im Atlantik von den Britischen Inseln bis zum Senegal sowie rund um die Kanaren und
Azoren.

INFO Im allgemeinem sind Meerbarben Freilaicher und betreiben keine Brutpflege. Ihre Eier enthalten einen Öltropfen und
schweben dadurch im freien Wasser, die Fischlarven ebenfalls.
Der Fisch kommt meist frisch auf den Markt. Die Rote Meerbarbe
schmeckt sehr würzig und etwas nussig und kann für manche fast
ein bisschen zu intensiv sein. Sie hat zartes Fleisch, welches sie
schon früher bei den Griechen und Römern zu einem geschätzten
Speisefisch machte. Nach der Zubereitung ist das Fleisch hellrosa
bis weiß.

REZEPTVORSCHLAG Jean Claude Bourgueil: Felsenbarbe
nach Art der Fischer der Insel St. Honorat

ROTER THUNFISCH

GB Bluefin Tuna, Tunny, **F** Thon Rouge,
I Tonno Rosso, **E** Atún rojo

Der Rote Thun, auch Großer Thun, Nordatlantischer Thun oder Blauflossen-Thunfisch genannt, ist ein gewaltiger Fisch. Er kann 2-4,5 m lang und 200-700 kg schwer werden.

MERKMALE Er ist oben dunkelblau, an den Seiten und am Bauch silbrigweiß und ohne Streifen- oder Fleckenmuster; die Bauchflossen sind klein.

VORKOMMEN Der Rote Thun lebt im Atlantik, nördlich des Äquators, im Mittelmeer, in der Karibik und im Golf von Mexiko. Rote Thune unternehmen lange Wanderungen, bei denen sie zeitweise den Küsten nahekommen. Sie überqueren auch den Atlantik, so dass es einen Austausch zwischen der west- und der ostatlantischen Population gibt.

INFO Thunfisch ist besonders reich an Omega-3-Fettsäuren, die helfen, den Cholesterinspiegel zu senken. Sein festes Fleisch schmeckt besonders gut gegrillt oder gebraten. Auch als Sushi ist Thunfisch sehr beliebt. Er hat tiefdunkelrotes Fleisch, das beim Erhitzen auch dunkel bleibt. In Japan werden Thunfische auch lebend gefangen und in Käfigen vor der Küste gemästet, so dass sie fetter (und wertvoller) werden. Das Fleisch des Thunfisches ist auf der ganzen Welt gefragt. Die Länder im Fernen Osten sind heutzutage die größten Abnehmer dieser Delikatesse.

REZEPTVORSCHLAG Maria Luisa Scolastra: Thunfischrouladen mit Kichererbsen an Rosmarin

SARDINE

GB European Pilchard, Sardine, **F** Sardine commune,
I Sardina, Sardella, **E** Sardina, Parrocha

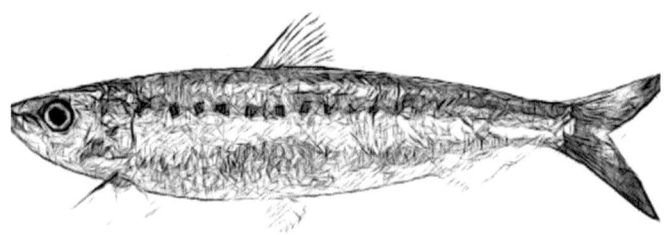

Die Sardine, auch Atlantische oder Europäische Sardine genannt,
ist ein Meeresfisch der Familie der Heringe. Sardinen werden
etwa 20-30 cm lang.

MERKMALE Der Körper der Sardine ist annähernd zylindrisch
mit abgerundetem Bauch; ihre Maulspalte endet vor dem Hinter-
rand des Auges; der Bauchflossenansatz der Sardine liegt hinter
dem Rückenflossenansatz.

VORKOMMEN Sardinen sind im Nordostatlantik zu finden, eher
selten in Island und der Nordsee aber in Richtung Süden bis zur
Küste Senegals. Außerdem schwimmen Sardinen im Mittelmeer,
dort vor allem im westlichen Teil und an der Adria, seltener
im östlichen Teil. Sie sind aber auch im Marmarameer und im
Schwarzen Meer unterwegs.

INFO Als Wanderfische sind sie in Schwärmen unterwegs und
gelten als Nomaden der Meere. Sie ernähren sich hauptsächlich
von winzigen Krebstieren, Fischlaich und Larven. Sardinen sind
sehr temperaturempfindliche Tiere, die Wassertemperaturen von
10 bis 20 Grad bevorzugen. Ihren Lebensraum verlagern sie deshalb je nach Jahreszeit entsprechend nach Norden oder Süden.
Die qualitativ hochwertigen Sardinen eines Fangs werden in Öl
konserviert. Entlang der Mittelmeerküste sind frittierte Sardinen
ein beliebtes Essen. Frische Sardinen schmecken sowohl gebraten als auch gegrillt vorzüglich. Man bereitet sie immer im Ganzen zu. Zum Pochieren sind sie nicht geeignet.

REZEPTVORSCHLAG Alain Ducasse: Gebratene Sardinen

SCHELLFISCH

GB Haddock, F Aiglefin,
I Asinello, E Eglefino

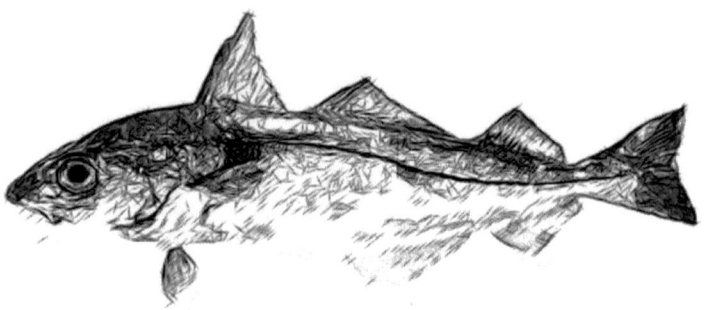

Der Schellfisch kann 50 -100 cm lang und 4 -15 kg schwer werden. Er ist ein geschickter Räuber, der auch vor Seeigeln und anderen Stachelhäutern nicht zurückschreckt.

MERKMALE Eine scharfe Rückenflosse, die ihn von anderen Vertretern der Dorschfamilie unterscheidet; der Körperbau ist langgestreckt und stromlinienförmig; sein Kopf ist lang; die Seitenlinie des Schellfisches ist (im Gegensatz zum Kabeljau, der eine helle Seitenlinie besitzt) schwarz bzw. dunkelbraun gefärbt; über seiner Brustflosse sitzt ein relativ großer schwarzer Fleck.

VORKOMMEN Er kommt im Nordatlantik vor, hier hauptsächlich in der Nord- und Ostsee, Labrador- und Barentssee, außerdem an der Ostküste Nordamerikas. Schellfische wachsen sehr langsam, deshalb haben die Anrainerstaaten des Atlantik strenge Regeln hinsichtlich Mindestgröße und Mindestalter festgesetzt. Man will damit verhindern, dass noch nicht laichreife Fische gefangen werden.

INFO Der Schellfisch ist mit nur einem halben Gramm Fett pro 100 Gramm ein sehr magerer Fisch. Er ist deswegen der perfekte Teil eines Menüs. Sein weißes und feines Fleisch besitzt ein kräftiges Aroma. In der Regel wird der Schellfisch in heißem Wasser pochiert. Damit sein Fleisch nicht so leicht zerfällt, wird der Schellfisch am besten mit seiner Haut gegart.

REZEPTVORSCHLAG Astrid Paul: Schellfisch mit Senfmousseline

SCHOLLE

GB Plaice, **F** Carrelet, Plie,
I Passera, Solla, **E** Solla

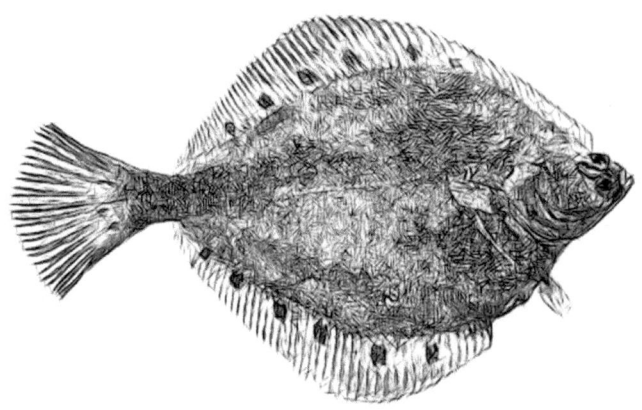

Die Scholle gehört zur Ordnung der Plattfische. Die Scholle, auch Goldbutt genannt, kann ca. 30-50 cm lang werden.

MERKMALE Die Augen sind auf der rechten Körperflanke; die Blindseite der Scholle ist weißlich gefärbt; die Maulspalte ist klein; sie hat hellrote Punkte auf dem gesamten Körper.

VORKOMMEN Sie ist an fast allen europäischen Küsten verbreitet: vom Weißen Meer bis zur portugiesischen Atlantikküste, aber auch in der nördlichen und westlichen Ostsee und im westlichen Mittelmeer; sie lebt in Wassertiefen bis 400 m.

INFO In der Zeit von Juni bis Oktober schmeckt sie am besten. Im Winter sollte man auf den Genuss verzichten, denn dann stehen sie kurz vor dem Ablaichen. Dies beeinträchtigt nicht nur den Geschmack, sondern sollte aufgrund des Artenschutzes berücksichtigt werden. Die Scholle gehört zu den bekanntesten und meistgekauften Plattfischen. Das weiße Fleisch der Scholle ist nicht sehr fest, zart, fettarm und daher leicht verdaulich. Man kann eine Scholle braten, backen, dünsten oder grillen. Die junge „Maischolle", die im Frühling angeboten wird, gilt als große Delikatesse.

REZEPTVORSCHLAG Tim Mälzer: Scholle Finkenwerder Art

SCHWERTFISCH

GB Broadbill, Swordfish, **F** Espadon,
I Pesce Spada, **E** Espada

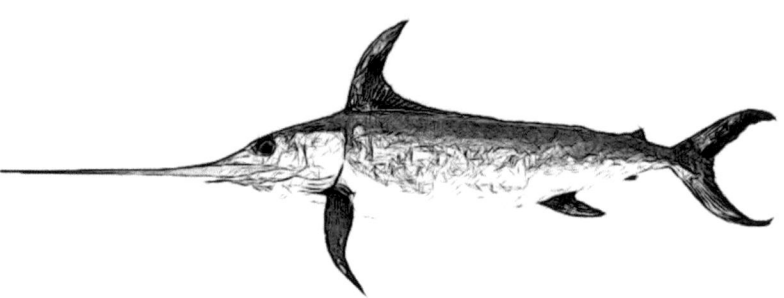

Der Schwertfisch ist die einzige Art der Gattung Xiphias. Sein namengebendes schwertartiges Rostrum kann bei ausgewachsenen Fischen ein Drittel der Körperlänge erreichen. Die Tiere können mit diesem „Schwert" bis zu 4 m und 500 kg schwer werden.

MERKMALE Schwertfische sind auf dem Rücken schwarz-braun bis bläulich-grau, zum Bauch hin werden sie immer heller; die Augen sind groß; erwachsene Fische sind ab einer Körperlänge von einem Meter schuppenlos.

VORKOMMEN Er ist ein großer, räuberisch lebender Knochenfisch, der weltweit in gemäßigt warmen bis tropischen Meeren anzutreffen ist. Er kommt auch im Mittelmeer, im Marmarameer, im Schwarzen Meer und im Asowschen Meer vor. Jedes Jahr werden fast hundert Schertfisch-Fangwettbewerbe organisiert. Fischer betrachten Schwertfische als kostbaren Fang.

INFO Schwertfische können Geschwindigkeiten bis 60 km/h erreichen. Da ihnen die Bauchflossen fehlen, sind die Tiere nicht in der Lage abrupt zu bremsen und dies war auch unnötig, da Hindernisse auf der Hochsee nicht vorhanden waren, bevor der Mensch damit anfing die Meere mit Schiffen zu befahren. Es sind Unfälle bekannt geworden, bei denen mit hoher Geschwindigkeit jagende Schwertfische ihr Schwert durch hölzerne Bootsplanken bohrten.

REZEPTVORSCHLAG Kolja Kleeberg: Schwertfisch Ceviche - der frische Trend aus Peru

SEEBRASSE

GB Red Seabream, **F** Spare japonais, Daurade japonais,
I Orata del Giappone, **E** Dorada del Japón

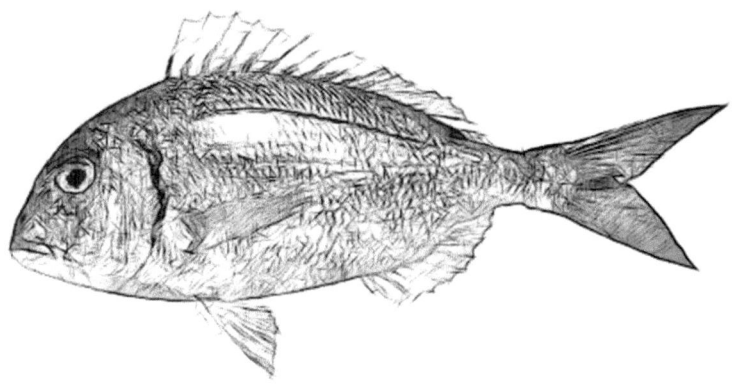

Die Seebrasse, auch häufig Rote Meerbrasse genannt, ist ein
Speisefisch aus der Familie der Meerbrassen. Sie werden bis zu
1 m lang und 22 kg schwer.

MERKMALE Sie hat einen seitlich abgeflachten und hochrückigen Körper; der Kopf besitzt eine spitze Schnauze mit endständi-
gem Maul; der Rücken und die Flanken sind silbrig bis hellrot, im
Gegensatz zur ähnlichen Dorade, die silbrig und bläulich ist.

VORKOMMEN Die Seebrasse kommt im nordwestlichen Pazi-
fik vom Südchinesischen Meer bis Japan vor, fehlt aber um die
Philippinen. Sie leben meist über felsigem Grund. Seebrassen
sind Raubtiere und ernähren sich von Muscheln, Krebstiere und
Fischen.

INFO Seebrassen sind wie andere Meerbrassen, darunter etwa
die Rotbrasse, so genannte proterogyne Zwitter. Das bedeutet,
dass alle Fische als Weibchen geschlechtsreif werden und sich
später in Männchen umwandeln. In ihrem Verbreitungsgebiet gelten sie als beliebte Speisefische; so ist ihr Fleisch in Japan sehr
teuer und wird nur bei besonderen Gelegenheiten wie Hochzeiten
serviert.

REZEPTVORSCHLAG Dieter Müller: Gebratene Meerbrasse
mit Safran-Kresse-Sauce

SEEHECHT

GB European Hake, **F** Brochet de Mar, Merlu Européen,
I Nasello, **E** Carioca, Merluza Europea

Der Seehecht ist ein Salzwasserfisch aus der Familie der Antarktisdorsche. Seine durchschnittliche Länge beträgt ca. 80-90 cm, das Gewicht 5-10 kg..

MERKMALE Die Körperform ist schlank; der Kopf auffallend spitz; der Körper durchgehend silbergrau; die erste Rückenflosse ist kurz, während die zweite Rückenflosse und die Afterflosse lang sind.; die zweite Rückenflosse und die Afterflosse sind durch eine Einbuchtung in zwei Abschnitte geteilt.

VORKOMMEN Der Seehecht lebt vor allem in den Gewässern rund um die Antarktis, vor den Küsten Chiles und Patagoniens sowie der Falklandinseln in Tiefen bis 1000 m. Bei Anbruch der Nacht vereinen sich die Tiere zu großen Verbänden und greifen alles an, was kleiner als sie selbst ist. Selbst der Nachwuchs von verwandten Arten wird nicht verschont. Wie auch bei den anderen Seehechtarten wird der Kopf nicht verzehrt, sondern dient zur Herstellung von Fischmehl, das als Schweinefutter verwendet wird. Die Leber des Seehechts wird separat zu medizinisch wirksamen Extrakten verarbeitet.

INFO Gemeinsam mit dem Riesen-Antarktisdorsch wird der Seehecht gerade in den letzten Jahren intensiv befischt - oftmals illegal wegen seines hohen Preises. Nach Schätzungen aus dem Jahr 1998 sollte er in den nächsten Jahren wirtschaftlich ausgerottet sein. Die Fische werden an Langleinen gefangen, die etwa 130 Kilometer lang sind und bis zu 30 000 Haken besitzen.

REZEPTVORSCHLAG Alfons Schuhbeck: Seehecht auf Biryani-Linsen-Sauce

SEETEUFEL

GB Anglerfish, Monkfish, **F** Lotte, Baudroie
I Rospo, Diavolo de Mar, **E** Rape, Sape Rana

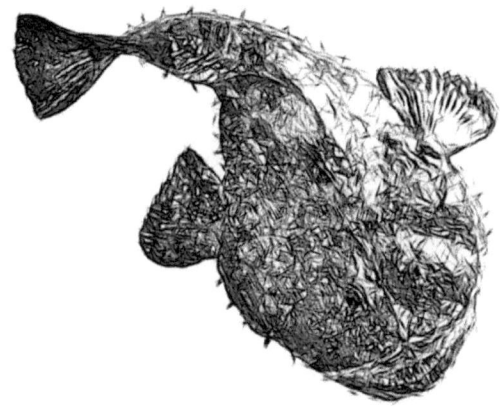

Weitere Bezeichnungen für den Seeteufel sind Lotte oder Mönchsfisch. Er ist bis auf die Wirbelsäule grätenfrei. Größere Exemplare gibt es bis zu 2 m Länge und 50 kg Gewicht.

MERKMALE Sein Körper ist schuppenlos und mit dunklen, unregelmäßig geformten Flecken bedeckt; der sehr große und abgeflachte Kopf macht die Hälfte seiner Länge aus; das riesige Maul des Seeteufels ist mit mehreren Reihen spitzer, kräftiger und nach hinten gerichteter Zähne besetzt; seine Augen sitzen auf der Oberseite des Kopfes.

VORKOMMEN Sein Lebensraum ist der Nordatlantik, die Nordsee, das Mittelmeer, das Schwarze Meer - man findet den Seeteufel von der Küste bis in 1000 m Tiefe. In der Regel liegen Seeteufel am Boden, bis zur Hälfte in das Sediment eingegraben und lauern dort auf Beute.

INFO Der Seeteufel ist ein vorzüglicher, jedoch relativ teurer Speisefisch. Er besitzt ein mageres, festes und äußerst aromatisches Fleisch. Frischen Seeteufel erkennt man daran, dass er nicht „riecht". Man sollte ihn nach dem Kauf möglichst bald zubereiten, da das Fleisch des Seeteufels sehr schnell verdirbt.

REZEPTVORSCHLAG Alfons Schubeck: Seeteufel und Scampi auf Tomatenragout

SEEZUNGE

GB Common Sole, **F** Sole commune,
I Sogliola,, **E** Lenguado común

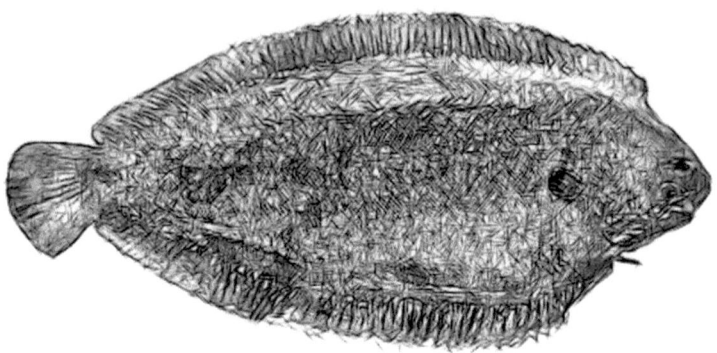

Die Seezunge ist ein Plattfisch aus der Familie der Seezungen.
Sie erreicht Längen von 30-70 cm und ein Gewicht von 1,5-3 kg.
Tagsüber gräbt sich die Seezunge im sandigen Meeresboden ein,
nachts geht sie auf Beutesuche. Dabei stößt sie bis in das Mittel-
wasser vor. Ihre Lebensweise ist typisch für Grundfische.

MERKMALE Beide Augen der Seezunge sitzen auf der Oberseite, während sich die kleinen und weit auseinander stehenden Na-
senöffnungen auf der Blindseite befinden.

VORKOMMEN Die Seezunge kommt in fast allen europäischen
Küstengewässern (nicht in der Ostsee) vor. Die Fische passen
sich verschlechterten Wasserqualitäten und Umweltsbedingun-
gen problemlos an.

INFO Wird die Seezunge von einem Fressfeind angegriffen, imi-
tiert sie mit großem „Talent" das von Fischen gefürchtete, giftige
Petermännchen, indem sie ihre mit einem großen tiefschwarzen
Fleck versehene rechte Brustflosse steil auffaltet und den Angrei-
fer wie mit einem „Todessegel" in die Flucht jagt. Die Seezunge
gilt als wichtiger und wertvoller Speisefisch. Man sollte jedoch
beachten, dass durch die Fangmethoden der Meeresboden stark
geschädigt wird, daher sollte man möglichst den Verzehr von Seezunge einschränken.

REZEPTVORSCHLAG Tim Raue: Seezunge

STEINBEISSER

GB Catfish, Wolffish, Rockfish, **F** Loche,
I Gattomare, **E** Perro Chico, Pez Lobo

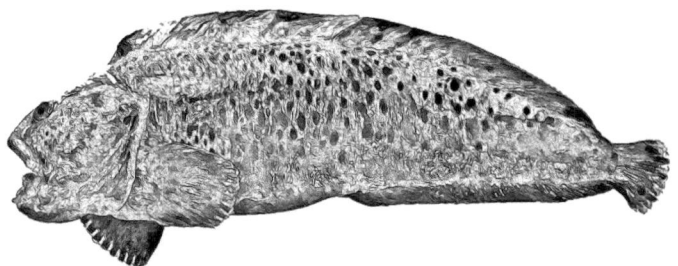

Steinbeißer werden zu den Seewölfen gezählt. Sie werden durchschnittlich 1 m lang und wiegen bis zu 15 kg. Mit seinem Gebiss knackt er problemlos die Schalen von Muscheln, Krebsen oder sogar Stacheltieren auf. Weil die Zähne sich dadurch sehr schnell abnutzen, wachsen sie in regelmäßigen Abständen nach. Fischer haben gehörigen Respekt vor der Beißkraft dieser Fische. Sie werden beim Anlanden mit Stangen oder Besenstielen auf Distanz gehalten, deshalb sollten als zusätzliche Sicherheitsmaßnahme Gummistiefel mit Stahlkappen getragen werden

MERKMALE Er hat einen sehr dicken Kopf mit breiter Schnauze und kräftigen Zähnen; seine Haut ist mit winzig kleinen Schuppen belegt; optisch passt er sich schnell seiner Umgebung an, daher gibt es ihn in vielen Farbvariationen von graugrün oder schwarz bis rotbraun.

VORKOMMEN Steinbeißer sind in allen kälteren Meeren auf der Nordhalbkugel zu finden.

INFO Nur der gefleckte und der gestreifte Steinbeißer sind kulinarisch von Bedeutung. Sie haben helles, elastisch-festes Fleisch mit einem sehr delikaten Geschmack. Es wird vor allem als Filet angeboten. Das Fleisch des Steinbeißers ist gut zum Braten, Pochieren und Dämpfen geeignet. Als Kochfisch harmoniert er gut mit klassischen Zutaten wie Senf und Kartoffeln. Zum Grillen ist das Fleisch zu empfindlich.

REZEPTVORSCHLAG Jörg Müller: Gebackene Steinbeißerstreifen in Zitronengrassauce

STEINBUTT

GB Turbot, **F** Turbot,
I Rombo, Scazo, **E** Rodaballo

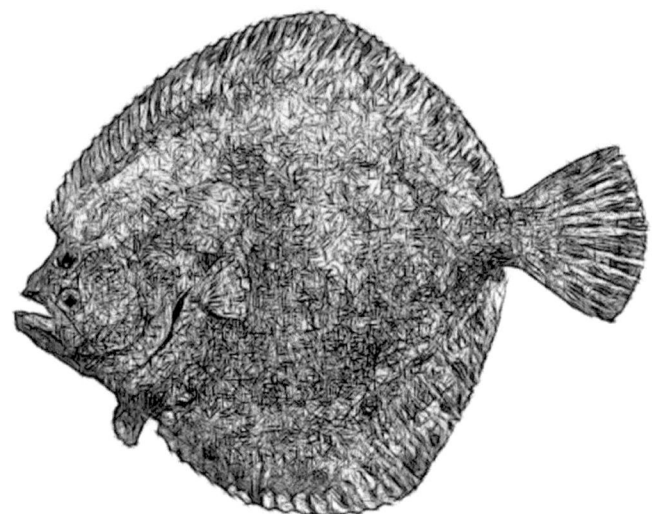

Der Steinbutt gehört zu den Plattfischen, die sich überwiegend in der Nähe des Meeresbodens aufhalten und er ist einer der edelsten und größten Vertreter dieser Art Er wird maximal ca. 100 cm lang und bis zu 20 kg schwer.

MERKMALE Er besitzt einen sehr hochrückigen, fast kreisförmigen Körper; die Augen liegen auf seiner linken Körperflanke; seine Augenseite ist schuppenlos, jedoch mit großen Knochenhöckern besetzt, diese Knochenhöcker sehen wie kleine Steine aus, daher der Name Steinbutt.

VORKOMMEN Der Steinbutt lebt an den europäischen Küsten des Atlantischen Ozeans, des Mittelmeeres, der Nord- und Ostsee in 20 -70 m Tiefe.

INFO Von diesen großen Plattfischen werden oft 70 Prozent verarbeitet. Die Flossen sind weich und haben keine Stacheln, sodass die Verarbeitung erleichtert wird.

REZEPTVORSCHLAG Daniel Achilles: Atlantischer Steinbutt mit Spitzkohl und Grünkohl

TILAPIA

GB Tilapia, F Tilapia,
I Tilapia, E Tilapia

Der Tilapia ist eine Fischart aus der Familie der Buntbarsche, Er bringt es auf 50 cm Länge und ein Gewicht von 6 kg.

MERKMALE Er besitzt einen sehr hochrückigen und seitlich abgeflachten Körper; die Zähne seiner äußeren Zahnreihe sind zweispitzig; der Körper ist braungrau; er hat eine durchgängige Rückenflosse.

VORKOMMEN Tilapien haben ihren Hauptlebensraum in tropischen und subtropischen Gewässern, vor allem Afrika, Madagaskar, Asien und auch Südamerika. Viel größer als ihre natürlichen Vorkommen sind jedoch inzwischen die Zuchtbestände. In Aquakulturen werden die Tiere in großem Stil überwiegend im Süßwasser gezüchtet. Die Weibchen legen pro Kilogramm ihres eigenen Körpergewichts etwa 1500 Eier und brüten sie in ihrem Maul aus. Im Gegensatz zu vielen anderen Fischarten sind Tilapia-Larven bereits nach dem Schlüpfen äußerst widerstandsfähig.

INFO Das Fleisch des Tilapia ist weich und leicht süßlich im Geschmack, deshalb harmoniert es wunderbar mit exotischen Zutaten, zum Beispiel mit Bananen, Ananas oder Mango. Da die Tilapien auf dem Fischmarkt fast ausschließlich aus der Zucht kommen und überwiegend tiefgekühlt angeboten werden, sind sie ganzjährig im Angebot.

REZEPTVORSCHLAG Alfons Schuhbeck: Tilapia-Filet paniert

VIKTORIABARSCH

GB Nile Perch, **F** Perche du Nil,
I Persico africano, **E** Perca del Nilo

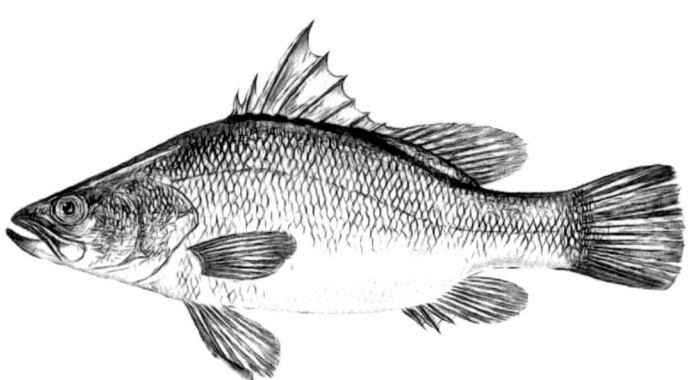

Der Nilbarsch, in Deutschland als Speisefisch meist Viktoriabarsch genannt, ist ein Süßwasser-Raubfisch aus der Ordnung der
Barschartigen. Die durchschnittliche Größe beträgt 30-60 cm und
das Gewicht 4 kg.

MERKMALE Die Körperflanken und der Bauch sind silbrig gefärbt, das Auge ist schwarz und mit einem gelben Ring versehen;
die äußeren Schädelknochen vor den Augen und vor dem Kiemendeckel sind bestachelt.

VORKOMMEN Eigentlich ist der Viktoriabarsch im Oberlauf
des Nils beheimatet, man findet ihn aber heute in natürlichen und
künstlichen Gewässern aller Kontinente. Viele Länder haben inzwischen die Einführung verboten.

INFO In den Viktoriasee wurde der Nilbarsch Anfang der 1960er
Jahre vom Menschen ausgesetzt. Sie vermehrten sich dort auf
spektakuläre Weise, verdrängten aber andere Arten. Die Vikto-
riabarsche legen relativ wenig Eier, kümmern sich aber intensiv
um den Nachwuchs. Sie bauen Nester und nehmen die Jungtiere
ins Maul um sie vor Raubfischen zu schützen. Das Fleisch ist fest,
saftig und kräftig im Geschmack. Es ist weiß bis leicht rötlich
getönt und erinnert geschmacklich an Hühnchenfleisch.

REZEPTVORSCHLAG Alfons Schuhbeck: Viktoriabarsch in
Haselnussbutter

WELS

GB Wels Catfish, **F** Silure glane,
I Siluro, **E** Siluro

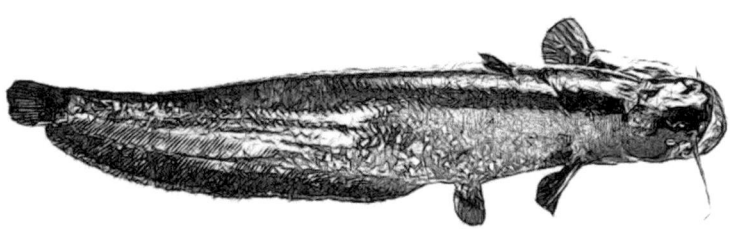

Der Europäische Wels oder Flusswels ist der größte reine Süßwasserfisch. Er erreicht eine Länge von 2 m, seltener 3,5 m. Regional wird er auch als Waller bezeichnet. Welse sind vorwiegend nacht- und dämmerungsaktive Raubfische, die sich von lebenden und toten Fischen, aber auch von Wirbellosen und gelegentlich von kleinen Wasservögeln und Säugetieren ernähren. Ihre Aktivität ist im Jahresverlauf stark von der Temperatur und der Verfügbarkeit von Beutetieren abhängig und erreicht im Frühjahr nach der Winterruhe sowie im Spätherbst nach dem Ablaichen ein Maximum.

MERKMALE Der Körper des Welses ist schuppenlos und schleimig; sein Kopf ist breit und abgeplattet; eine Fettflosse zwischen Rücken- und Schwanzflosse ist nicht vorhanden.

VORKOMMEN Das Verbreitungsgebiet des Welses erstreckt sich von Mittel- und Osteuropa bis Zentralasien. Dabei werden bevorzugt große Flüsse und Seen mit schlammigem Grund besiedelt, Welse kommen aber auch häufig in Seen mit geringem Salzgehalt, wie dem Kaspischen Meer, sowie in Brackwasserbereichen von Binnenmeeren vor.

INFO Die Art wird seit der Antike befischt und ist heute vor allem in Osteuropa von wirtschaftlicher Bedeutung, wo sie zunehmend auch in Aquakultur gezogen wird. In Mitteleuropa sind Welse dagegen vorwiegend als Sportfische bei Anglern beliebt und wurden deshalb auch in verschiedenen Gebieten, in denen sie ursprünglich nicht vorkamen, angesiedelt.

REZEPTVORSCHLAG Alfons Schubeck: Wallerfilets aus dem Wurzelsud mit Meerrettich

WOLFSBARSCH

GB Bass, King of the Mullets, **F** Bar, Loup de Mer,
I Spigola, Branzino, , **E** Baila, Lubina

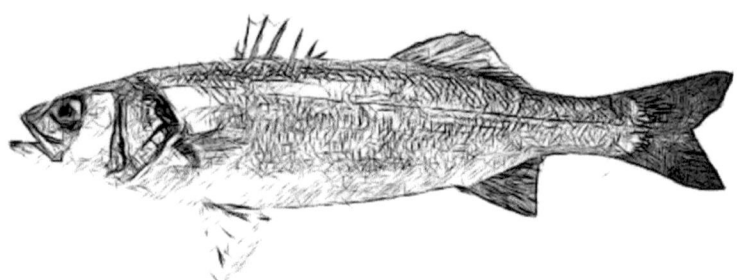

Der Wolfsbarsch, oder Loup de Mer, kann über 1 m lang und ca.
12 kg schwer werden, wobei die Weibchen größer werden als die
Männchen. Wolfsbarsche sind Raubfische und jagen vorzugsweise küstennah und an Flussmündungen.

MERKMALE Der Europäische Wolfsbarsch besitzt einen großen,
schwarzen Fleck auf den Kiemendeckeln; er hat zwei Rückenflossen, die fast gleich lang sind; seine Schwanzflosse ist tief eingekerbt.

VORKOMMEN Wolfsbarsche kommen im Ostatlantik, im Mittelmeer und im Schwarzen Meer vor. Die besten Fanggebiete sind
südlich der Britischen Inseln. Es gibt jedoch auch Bestände bei
Norwegen, Südisland, vor Marokko, dem Senegal und bei den Kanaren. Die Jungfische formen sich zu großen Schwärmen, während die älteren Fische nur kleine Gruppen bilden oder einzeln
leben. Als Bewohner flacher Küstengewässer bevorzugt er Tiefen
von 10-15 m.

INFO Wegen seiner Kampfstärke ist er bei Sportanglern sehr
beliebt. Wolfsbarsche sind vorzügliche Speisefische. Ihr weißes,
festes und kleinfaseriges Fleisch besitzt einen feinen und aromatischen Geschmack. Der Europäische Wolfsbarsch besitzt nur
wenig Gräten. Er wird in der Regel als ganzer Fisch zubereitet.
Wolfsbarsche werden auch in Zuchtfarmen gezüchtet und Tiere
aus der Aquakultur machen mittlerweile den größten Teil des Angebotes auf dem Fischmarkt aus.

REZEPTVORSCHLAG Léa Linster: Wolfsbarsch in Salzkruste

ZANDER

GB Pike-Perch, **F** Sandre,
I Sandra, **E** Lucioperca

Der Zander wird 50-130 cm lang und zählt zu den schmackhaftesten und auch häufigsten Süßwasserfischen Europas. Unter den Barschartigen Europas ist der Zander der größte Süßwasserfisch.

MERKMALE Seine Seitenlinie ist vollständig ausgeprägt; der lange Kopf des Zanders läuft vorne spitz zu und ist auf der Oberseite etwas abgeflacht; im Ober- und Unterkiefer sind große und spitze Fangzähne (sogenannte „Hundszähne").

VORKOMMEN Er ist in Binnengewässern Mittel- und Osteuropas weit verbreitet. Ursprünglich erstreckte sich seine Verbreitung östlich der Elbe über Osteuropa bis zum Aralsee. Im vergangenen Jahrhundert wurde der Zander auch westlich der Elbe eingebürgert.

INFO Zander können nachts hervorragend sehen, dank einer reflektierenden Pigmentschicht im Auge findet er die Beute auch bei sehr schwachem Licht. Der Zander gilt besonders in Deutschland, Österreich und Ungarn als wichtiger und wertvoller Speisefisch. Sein besonders festes, weißes, mageres und eiweißhaltiges Fleisch gilt als Delikatesse. In den letzten Jahren ist er immer beliebter geworden und deswegen immer öfter auf Speisekarten zu finden. Die Filets am besten auf der Haut braten oder grillen. Das grätenreiche Fleisch des Zanders wird auch gern zu Fischfarce verarbeitet.

REZEPTVORSCHLAG Alexander Herrmann: Gebratener Zander mit weißer Specksauce und Rote Beete

FISCHARTEN

In diesem Buch sind erwähnt:

SÜSSWASSERFISCHE Über 500 Fischarten leben im Süßwasser Europas. Sie bewohnen die Binnengewässer der Inseln und Kontinente: die Bäche, Flüsse und Seen. Die meisten dieser Fische eignen sich zum Verzehr.

AAL, EUROPÄISCHER	**PANGASIUS**
BACHFORELLE	**TILAPIA**
BACHSAIBLING	**VIKTORIABARSCH**
FLUSSBARSCH	**WELS**
HECHT	**ZANDER**
KARPFEN	

SALZWASSERFISCHE Es gibt Salzwasserfische, die in den Küstenbereichen in den Wassertiefen bis zu 200 Meter leben und Tiefseefische, die von Fischern noch in den Wassertiefen von 100 bis 1500 Metern mit Schleppnetzen gefangen werden. Die meisten Meeresfische leben in den Küstengewässern. Da die Seefische jahrzehntelang befischt wurden und die Verschmutzung der Meere nicht abnimmt, sind viele Arten vom Aussterben bedroht. In den Seegebieten auf der ganzen Welt gibt es ca. 31.000 beschriebene Fischarten, die im Salzwasser leben und immer mehr neue Arten kommen hinzu, die neu entdeckt werden.

ÄSCHE, MEERÄSCHE	**ROTER DRACHENKOPF**
ALASKA-SEELACHS	**ROTE MEERBARBE**
ATLANTISCHER LACHS	**ROTER THUNFISCH**
DORADE	**SARDINE**
HEILBUTT	**SCHELLFISCH**
HERING	**SCHOLLE**
KABELJAU	**SCHWERTFISCH**
KNURRHAHN	**SEEBRASSE**
LENGFISCH	**SEEHECHT**
MAKRELE	**SEETEUFEL**
RED SNAPPER	**SEEZUNGE**
PETERSFISCH	**STEINBEISSER**
ROCHEN	**STEINBUTT**
ROTBARSCH	**WOLFSBARSCH**

PERIPHERE SÜSSWASSERFISCHE haben eine ausgeprägte Salztoleranz und können sich auch über die Meere ausbreiten. Oft verbringen sie ein Stadium ihres Lebens im Meer. Zu den peripheren Süßwasserfischen zählen die Störe, die Flussaale, viele Lachsartige und Stintartige.

INDEX

INDEX

INDEX

KÖCHE-VERZEICJHNIS

Stand Oktober 2018

BOURGUEIL, JEAN CLAUDE 2-Sterne-Koch; Schiffchen, Düsseldorf

DUCASSE, ALAIN 3-Sterne-Koch; Jules Verne, Paris

HERRMANN, ALEXANDER Fernseh-Koch; Imperial, Nürnberg

JÜRGENS, CHRISTIAN 3-Sterne-Koch; Seehotel Überfahrt, Rottach-Egern

KING, JOHANNES 2-Sterne-Koch, Söl'ring Hof, Rantum-Sylt

KLEEBERG, KOLJA 1-Sterne-Koch; früher VAU, Berlin

KLINK, VINCENT 1-Sterne-Koch; Wielandshöhe, Stuttgart-Degerloch

LAFER, JOHANN 1-Sterne-Koch; Le Val d'Or, Stromburg-Hunsrück

LICHTER, HORST Fernseh-Koch und Moderator, Badenweiler

LINSTER, LEA 1-Sterne-Köchin; Das Kaschthaus, Hellingen-Luxemburg

MÄLZER, TIM Fernseh-Koch; Die gute Botschaft, Hamburg

MÜLLER, DIETER 3-Sterne-Koch, Restaurant Dieter Müller; MS Europa

MÜLLER, JÖRG 2-Sterne-Koch; Restaurant Jörg Müller, Westerland-Sylt

OLIVER, JAMIE Fernseh-Koch und Autor, London

PAUL, ASTRID Kochbuch-Blog-Autor; www.arthurstochterkochtblog.com

RAUE, TIM 2-Sterne-Koch; Restaurant Tim Raue, Berlin

REEH, MIRKO Fernsehkoch; PrivateFood Club, Frankfurt-Bornheim

SCHUHBECK, ALFONS 1-Sterne-Koch und Gastro-Unternehmer, München

SCOLASTRA, MARIA LUISA Köchin; Villa Roncalli, Foligno-Italien

VAN SOEST, GEERT Koch und Kochlehrer; Niederlande

WITZIGMANN, ECKHART 3-Sterne-Koch; früher Aubergine, München

DER AUTOR

Rainer Wörtmann
war u. a. Chefredakteur der
Zeitschrift „PLAYBOY",
Art Director der Zeitschrift
„TransAtlantik",
verantwortlicher Redakteur
des Titelbildes
„DER SPIEGEL", sowie
Mitglied der Chefredaktion
„SPIEGEL special".
Bereits erschienene Bücher:
„Leicht lernen mit Eselsbrücken",
ISBN 3-8334-0035-8;
„Tipps rund ums Kochen",
ISBN 978-37322-9878-5,
„WEIN -
100 Fragen & 100 Antworten"
ISBN 978-3- 7347-6480-6
„Was Sie schon immer über
KÄSE
wissen wollten"
ISBN 9783744871280,
„FISCHE"
100 Fragen & 100 Antworten"
ISBN 978-3-7460-1130-1.

Rainer Wörtmann
lebt als freier Medienberater
in Hamburg und Italien.